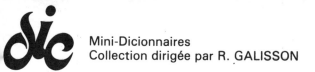

Mini-Dicionnaires
Collection dirigée par R. GALISSON

dictionnaire

de compréhension
et de production

des expressions imagées

27, rue de la Glacière
75013 PARIS

© CLE International PARIS 1984

OBJECTIF

Ce dictionnaire spécialisé a pour but :

1. De mettre à la disposition des consultants — étrangers particulièrement — un ensemble d'expressions imagées (500 environ) répondant à l'essentiel des besoins courants des locuteurs natifs.

2. De traiter ces expressions toute faites (dites aussi locutions figurées), de manière à en faciliter l'acquisition. Acquisition d'autant plus délicate que lesdites expressions présentent à la fois des **difficultés de forme** (elles constituent des groupes de mots figés, c'est-à-dire des unités lexicales longues, difficiles à mémoriser) **et de contenu** (la compréhension de chacun des constituants ne permet souvent pas de déchiffrer l'ensemble).

3. De prendre en compte la maîtrise des expressions imagées aussi bien en ce qui concerne leur **production** que leur **compréhension**. D'où la mise au point d'un outil ad hoc à double entrée (voir UTILISATION).

UTILISATION

Comme son nom l'indique et contrairement aux autres dictionnaires (généraux et spécialisés), le *Dictionnaire de compréhension et de production des expressions imagées* est constitué de deux ensembles distincts et complémentaires. Le premier est un outil de **compréhension**, comme la plupart des dictionnaires courants (à partir de la forme, il permet de trouver le sens). Le second, dit inverse — et inédit sur le marché — est un outil de **production** (à partir du sens, il permet de trouver la forme). La vedette (mot en caractères majuscules gras, qui sert d'entrée à l'article) réfère donc :

— à une **forme**, ou plutôt à un élément de la forme (puisqu'il s'agit d'expressions, c'est-à-dire de groupes de mots), dans le dictionnaire de **compréhension** ;

— à un **sens**, ou plutôt à un élément de sens (la définition proprement dite — ou développée — ne venant qu'après) dans le dictionnaire de **production**.

Exemple :

• Dictionnaire de **COMPRÉHENSION** (dit encore de **décodage**) :

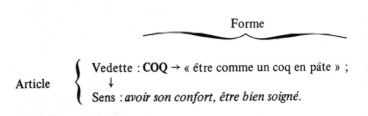

Le consultant (en situation de **récepteur** : il lit, ... ou il écoute !) va de la forme qu'il connaît (**COQ** → « être comme un coq en pâte ») au sens (*avoir son confort, être bien soigné*) qu'il ne connaît pas, ou sur lequel il hésite.

- Dictionnaire de **PRODUCTION** (dit encore d'**encodage**)

$$\text{Article} \begin{cases} \text{Vedette}: \textit{CONFORT} \rightarrow \textit{avoir son confort, être bien soigné} \\ \quad\quad\quad\quad \downarrow \\ \text{Forme}: \text{« être comme un coq en pâte »} \end{cases} \overbrace{}^{\text{Sens}}$$

Le consultant (en situation d'**émetteur** : il écrit, ... ou il parle !) va du sens qu'il voudrait rendre (*CONFORT* → *avoir son confort, être bien soigné*) à la forme susceptible de l'exprimer (« être comme un coq en pâte »).

En tête du dictionnaire de compréhension et du dictionnaire de production, une notice spécifique complète l'information du consultant, en vue de rendre l'usage de l'outil plus rapide et plus sûr.

Légende :

— La **vedette** figure en caractères **majuscules gras** :
 - **romains** si elle réfère à la **forme** (**COQ** dans l'exemple précédent) ;
 - **italiques** si elle réfère au **sens** (*CONFORT* dans l'exemple précédent).

— La suite de l'article est en caractères **minuscules maigres** : romains et entre guillemets s'il s'agit de la forme de l'expression imagée (« être comme un coq en pâte ») et italiques s'il s'agit de son sens, plus exactement de sa définition développée (*avoir son confort, être bien soigné*).

Remarque : pour davantage d'informations sur les procédures de mise au point du dictionnaire à double entrée, le consultant pourra se reporter au troisième chapitre d'un ouvrage intitulé « Des mots pour communiquer », paru récemment chez CLE International, dans la collection Didactique des Langues Étrangères. Le chapitre en question traite plus généralement des problèmes que pose l'enseignement/apprentissage des locutions figurées (ou expressions imagées) en français.

DICTIONNAIRE DE COMPRÉHENSION
(ou de DÉCODAGE)

— pour trouver le sens d'une expression imagée
dont le consultant possède la forme —

Le maniement du dictionnaire de compréhension (ou de décodage : de la forme connue au sens inconnu) pose peu de problèmes, dans la mesure où sa présentation/composition ne saurait déconcerter le consultant, puisque la quasi-totalité des dictionnaires actuellement sur le marché relève d'un modèle analogue.

Par rapport aux **dictionnaires de mots**, la seule différence notable que présente ce **dictionnaire d'expressions** réside dans le fait que, de manière à conserver son efficacité à l'ordre alphabétique, il a fallu choisir un et un seul constituant par expression imagée pour servir d'étiquette formelle ou de vedette. D'où la nécessité, en vue d'une consultation rapide, de connaître la règle qui permet d'identifier le constituant vedette de n'importe quelle expression imagée. Règle ainsi formulable :

— quand l'expression imagée comporte un nom (commun ou propre), c'est lui qui tient lieu d'étiquette formelle ou de vedette [ex. : « être doux comme un *agneau* » → AGNEAU ; « être fier comme *Artaban* » → ARTABAN] ;

— quand elle en comporte deux, c'est le premier des deux [ex. : « avoir l'*âme* chevillée au *corps* » → AME] ;

— à défaut de nom, c'est l'adjectif qui est appelé à jouer ce rôle [ex. : « filer à l'*anglaise* » → ANGLAISE] ;

— à défaut de nom et d'adjectif, c'est le verbe (et le premier s'il y en a deux) [ex. : « se *laisser glisser* » → LAISSER] .

Si la simplicité de cette règle permet en général de découvrir facilement l'expression cherchée, elle ne résoud pas au mieux le problème des expressions qui relèvent de la même étiquette formelle. Par exemple : « avoir la chair de poule », « chair à canon », « être bien en chair », sont regroupées sous la vedette CHAIR. Pas plus que les autres dictionnaristes, nous n'avons trouvé de solution satisfaisante à ce problème... somme toute secondaire.

PRÉSENTATION DES INFORMATIONS ET ITINÉRAIRE DE LECTURE

(de haut en bas pour découvrir la vedette,
de gauche à droite pour chercher le sens)

SIGNIFIANT ➤		SIGNIFIÉ
VEDETTES (étiquettes formelles)	**EXPRESSIONS IMAGÉES**	**DÉFINITIONS DÉVELOPPÉES** (paraphrases)
AGNEAU	« être doux comme un agneau »	*être très doux, très gentil*
AIGLE	« ce n'est pas un aigle »	*se dit d'un individu médiocrement intelligent*
etc.	...	...

COMPRÉHENSION

AGNEAU

AIGLE

AME

ANCRE

ÂNE

ANGLAISE

ARGENT

ARME

ARTABAN

ARTICLE

jeter l'argent par les fenêtres

ASSIETTE

« être doux comme un agneau »	*être très doux, très gentil*
« ce n'est pas un aigle »	*se dit d'un individu médiocrement intelligent*
« avoir l'âme chevillée au corps »	*avoir une grande vitalité et lutter avec succès contre la mort*
« lever l'ancre »	*partir, s'éloigner*
1 « âne de Buridan »	*individu qui ne parvient pas à choisir entre deux solutions*
2 « faire l'âne pour avoir du son »	*faire l'innocent pour obtenir ce que l'on cherche : renseignement, profit, avantage, ...*
« filer à l'anglaise »	*partir, sans se faire remarquer*
« jeter l'argent par les fenêtres »	*être très dépensier*
« passer l'arme à gauche »	*mourir*
« être fier comme Artaban »	*être très fier*
« être à l'article de la mort »	*être à l'agonie (sur le point de mourir)*
« ne pas être dans son assiette »	*ne pas être dans son état normal, habituel*

COMPRÉHENSION

BAGUETTE

BATEAU

BÂTON

BÉMOL

BÊTE

BEURRE

BILE

BILLARD

BILLE

BOL

chercher la petite bête

BOND

« faire marcher à la baguette »	*conduire avec autorité*
« mener / emmener en bateau »	*tromper, duper*
« mettre des bâtons / barres dans les roues »	*s'opposer à la réalisation de quelque chose*
« mettre un bémol »	*baisser le ton / être moins agressif*
« chercher la petite bête »	*trouver la petite faiblesse qui permet de déprécier quelqu'un ou quelque chose*
« mettre du beurre dans les épinards »	*améliorer les conditions ordinaires d'existence*
« se faire de la bile »	*se faire du souci*
« c'est du billard »	*se dit de quelque chose qui se passe très bien, sans poser de problème*
« toucher sa bille »	*avoir de l'expérience, être compétent*
« en avoir ras le bol »	*en avoir assez, ne plus pouvoir supporter (quelqu'un ou quelque chose)*
« faire faux bond (à quelqu'un) »	*ne pas répondre à l'attente (de quelqu'un), notamment ne pas se rendre au rendez-vous convenu*

B · COMPRÉHENSION

BOSSU

BOTTE

BOUCHÉE

BOUILLON

BOULE

BOURRIQUE

BOUSSOLE

BOUT

BRAS

mener (quelqu'un) par le bout
du nez

« rire comme un bossu »	*rire et s'amuser beaucoup*
« en avoir plein les bottes »	*être très fatigué*
« metre les bouchées doubles »	*aller beaucoup plus vite que prévu dans l'action entreprise*
« boire / prendre un bouillon »	*subir une grosse perte (d'argent)*
« perdre la boule »	*devenir fou*
« faire tourner en bourrique »	*agacer, ou abêtir par des taquineries, des exigences, des tracasseries*
« perdre la boussole / le nord »	*s'affoler, ne plus contrôler ses réactions*
1 « être au bout du rouleau »	*avoir épuisé toutes ses forces ou ses ressources*
2 « mener (quelqu'un) par le bout du nez »	*avoir une autorité absolue (sur quelqu'un)*
3 « mettre les bouts »	*s'enfuir*
4 « se laisser mener par le bout du nez »	*se soumettre docilement à la volonté de quelqu'un*
1 « à bras ouverts »	*avec une grande cordialité*
2 « à bras raccourcis »	*en portant des coups violents*
3 « avoir le bras long »	*avoir de l'influence*
4 « avoir les bras à la retourne »	*être paresseux*
5 « avoir (quelqu'un) sur les bras »	*avoir à charge, entretenir (quelqu'un) / être importuné par la présence imprévue (de quelqu'un)*
6 « baisser les bras »	*abandonner la lutte, renoncer à l'action*
7 « être dans les bras de Morphée »	*dormir*
8 « être le bras droit (de quelqu'un) »	*être le principal adjoint (de quelqu'un)*

B · COMPRÉHENSION

BRIDE

BUCHE

BUFFET

BULLE

BULLETIN

« laisser la bride sur le cou (de quelqu'un) »	*laisser entière liberté (à quelqu'un)*
« prendre / ramasser un(e) bûche / gadin / gamelle / pelle »	*tomber*
« avoir quelque chose / en avoir dans le buffet / ventre »	*être très brave, très courageux*
« coincer la bulle »	*prendre plaisir à ne rien faire*
« avaler son bulletin de naissance »	*mourir*

COMPRÉHENSION

CARAFE

CAROTTE

CARREAU

CARTE

CAVALIER

CEINTURE

CHAIR

CHAISE

CHAMP

CHAMPIGNON

CHANDELLE

CHANTERELLE

CHAPEAU

CHARBON

être sur des charbons ardents

« laisser en carafe »	*abandonner (quelqu'un ou quelque chose)*
« les carottes sont cuites »	*tout est réglé, terminé, on ne peut plus rien changer*
« se tenir à carreau »	*être vigilant, éviter de commettre la moindre faute*
« jouer cartes sur table »	*agir ou s'expliquer ouvertement, sans rien cacher*
« faire cavalier seul »	*agir isolément*
« se mettre la ceinture »	*se priver (de manger, ou d'autre chose)*
1 « avoir la chair de poule »	*avoir froid / avoir peur*
2 « chair à canon »	*se dit du soldat (en temps de guerre)*
3 « être bien en chair »	*avoir un léger embonpoint*
« être assis entre deux chaises »	*être dans une situation embarrassante*
« tomber au champ d'honneur »	*mourir – glorieusement – en combattant pour son pays*
« pousser comme un champignon »	*se développer très vite*
« en voir trente-six chandelles »	*être étourdi par un coup*
« appuyer / tirer sur la chanterelle »	*insister avec force sur un point sensible*
« porter le chapeau »	*être obligé d'endosser la responsabilité d'une faute*
2 « travailler du chapeau »	*être un peu déséquilibré mentalement*
« être sur des charbons ardents »	*être anxieux, dans l'attente de quelque chose ou de quelqu'un*

C · COMPRÉHENSION

CHARRUE

CHASSIS

CHAT

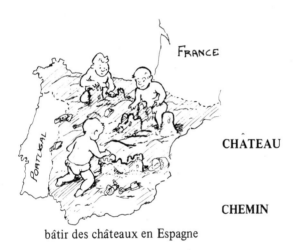

CHÂTEAU

CHEMIN

bâtir des châteaux en Espagne

CHEVAL

« mettre la charrue **devant / avant** les bœufs »		*commencer par où il faut finir*

« c'est un beau chassis » *se dit d'une femme bien faite, agréable à regarder*

1 « appeler un chat un chat » *appeler les choses par leur nom, sans rien dissimuler*

2 « avoir un chat dans la gorge » *être enroué*

3 « il n'y a pas de quoi fouetter un chat » *se dit de quelque chose qui n'a aucune importance*

4 « il n'y a pas un chat » *il n'y a personne*

5 « jouer au chat et à la souris (avec quelqu'un) » *se cacher de quelqu'un / prendre plaisir à se jouer de quelqu'un qui est condamné*

« bâtir des châteaux en Espagne » *faire des projets chimériques*

1 « être toujours sur les chemins » *voyager beaucoup*

2 « suivre le droit chemin » *avoir une conduite conforme à la morale admise*

« avoir mangé du **cheval / lion** » *faire preuve d'une énergie inhabituelle*

2 « être à cheval sur.... » *être très exigeant sur....*

3 « manger avec les chevaux de bois » *se passer de repas*

4 « monter sur ses grands chevaux » *le prendre de haut, se mettre en colère*

C · COMPRÉHENSION

CHEVEU

CHÈVRE

CHOU

CHIEN

entre chien et loup

CITRON

CLOCHE

1 « avoir un cheveu sur la langue »	*zézayer*
2 « arriver comme un cheveu sur la soupe »	*arriver mal à propos*
3 « couper les cheveux en quatre »	*faire des distinctions trop subtiles, compliquer inutilement les choses*
4 « faire dresser les cheveux sur la tête »	*inspirer de la frayeur*
5 « se faire des cheveux »	*se faire du souci*
« ménager la chèvre et le chou »	*éviter de prendre parti, de manière à ne mécontenter personne*
« faire chou blanc »	*échouer dans une démarche, une entreprise*
2 « faire ses choux gras »	*tirer grand profit (d'une affaire)*
« rentrer dans le chou (de quelqu'un) »	*attaquer, malmener, frapper (quelqu'un)* *attaquer verbalement (quelqu'un), sans retenue, pour lui faire mal*
« avoir du chien »	*se dit d'une femme qui a beaucoup d'attrait, de charme*
2 « entre chien et loup »	*à la tombée de la nuit*
« être comme chien et chat »	*se chamailler sans cesse*
« garder un chien de sa chienne »	*garder rancune, ou vouloir se venger*
« se regarder en chien de faïence »	*se regarder sans bienveillance, avec froideur*
« presser (quelqu'un) comme un citron »	*tirer le maximum (de quelqu'un), (l') exploiter*
« mettre (quelqu'un) sous cloche »	*protéger excessivement (quelqu'un) contre les dangers de l'existence*

C · **COMPRÉHENSION**

CŒUR

COIFFÉ

COIN

COQ

CORDE

COU

COUDE

COULEUVRE

avoir le cœur gros

1 « avoir le cœur gros »	*être triste*
2 « avoir le cœur sur la main »	*être généreux*
3 « avoir un cœur d'artichaut »	*s'enflammer facilement, être inconstant en amour*
4 « donner du cœur au ventre »	*encourager*
5 « faire le joli cœur »	*faire le galant*
6 « ne pas porter (quelqu'un) dans son cœur »	*n'avoir aucune sympathie (pour quelqu'un)*
7 « ouvrir son cœur »	*confier ses sentiments*
8 « parler à cœur ouvert »	*parler en toute franchise*
9 « porter (quelqu'un) dans son cœur »	*avoir de l'amour (pour quelqu'un)*
« être né coiffé »	*être chanceux*
« du coin de l'œil »	*discrètement*
1 « être comme un coq en pâte »	*avoir son confort, être bien soigné*
2 « sauter du coq à l'âne »	*sauter d'un sujet à un autre (sans rapport entre les deux)*
« être sur la corde raide »	*être dans une situation difficile, où il y a lieu d'être prudent*
« avoir un cou de girafe »	*avoir un très long cou*
1 « jouer des coudes »	*se démener sans scrupules pour réussir*
2 « lever le coude »	*être porté sur la boisson*
3 « se tenir les coudes »	*s'entr'aider*
1 « avaler des couleuvres »	*être obligé de subir des vexations, des affronts*
2 « être paresseux comme une couleuvre »	*être très paresseux*

C · COMPRÉHENSIO[N]

COUP

COUTEAU

CRAN
CRÉSUS
CRI
CROIX

CUL

avoir le coup de barre

CULOTTE

1 « avoir le coup de barre/bambou »		*éprouver soudain une très grande fatigue*
2 « avoir un coup dans le nez / l'aile »		*être un peu ivre*

3 « coup de Jarnac » — *attaque perfide*

4 « donner un coup d'épée dans l'eau » — *faire quelque chose de complètement inutile*

5 « coup du lapin » — *coup brutal, porté sur la nuque*

« mettre le couteau sous la gorge » — *obliger à dire ou à faire par la contrainte*

« être à cran » — *être irrité, excédé*

« être riche comme Crésus » — *être très riche*

« cri du cœur » — *réaction spontanée*

« c'est la croix et la bannière » — *se dit en présence de grandes complications*

1 « avoir le cul entre deux chaises » — *être dans l'incertitude*

2 « être comme cul et chemise » — *se dit de personnes qui sont très souvent ensemble, qui s'entendent bien*

3 « l'avoir dans le cul » — *se dit quand on a échoué*

4 « lécher le cul » — *flatter bassement*

5 « péter plus haut que son cul » — *avoir des prétentions au-dessus de ses moyens ou de ses capacités*

6 « tirer au cul » — *se dérober devant le travail*

« trembler dans sa culotte » — *avoir très peur*

COMPRÉHENSION

DÉ

DÉLICE

DENT

DÉTENTE

DIABLE

DINDON

avoir les dents longues

« les dés en sont jetés »	*se dit d'une décision qui est irrévocable*
« les délices de Capoue »	*plaisirs qui affaiblissent ceux qui s'y laissent prendre*
1 « avoir la dent »	*avoir faim*
2 « avoir les dents longues »	*avoir beaucoup d'ambition* / *être avide de biens et de richesses*
3 « claquer des dents »	*avoir très froid*
4 « dévorer à belles dents »	*manger de bon appétit*
5 « garder une dent (contre quelqu'un) »	*garder rancune (à quelqu'un)*
6 « montrer les dents »	*être menaçant*
« être long à la détente »	*ne pas comprendre tout de suite, réagir lentement*
« tirer le diable par la queue »	*manquer de ressources pour vivre*
« être le dindon de la farce »	*être la victime d'une plaisanterie, ou la dupe dans une affaire*

tirer le diable par la queue

D · COMPRÉHENSION

DOIGT

DOS

DOUCHE

avoir les doigts de pied en éventail **DRAP**

1 « avoir des doigts de fée »	*être d'une merveilleuse adresse*
2 « avoir les doigts de pied en éventail »	*se prélasser, se détendre*
3 « être comme les doigs de la main »	*être très unis, très liés par l'amitié*
4 « les doigts dans le nez »	*facilement, sans effort*
5 « mener au doigt et à l'œil »	*mener avec une ferme autorité*
6 « mettre les doigts dans l'engrenage »	*s'engager imprudemment dans une affaire et ne plus pouvoir s'en dégager*
7 « se faire taper sur les doigts »	*se faire réprimander*
8 « se mettre / se fourrer le doigt dans l'œil »	*se tromper*
9 « s'en mordre les doigts »	*avoir de vifs regrets*
10 « avoir le dos tourné »	*avoir un moment d'inattention*
11 « être sur le dos (de quelqu'un) »	*gêner, importuner (quelqu'un) par une présence peu discrète*
12 « se mettre à dos (quelqu'un) »	*se faire un adversaire (de quelqu'un)*
« douche écossaise »	*alternance d'événements agréables et désagréables, de bonnes et de mauvaises nouvelles, d'espoirs et de désespoirs, ...*
« être dans de beaux draps »	*être dans une fâcheuse situation*

COMPRÉHENSION

EAU

ÉCHELLE

ÉCURIE

ÉPAULE

ÉPINE

ÉPONGE

ERMITE

ESTOMAC

ÉTAPE

passer l'éponge

1 « finir en eau de boudin »	*mal tourner, finir par un échec*
2 « mettre de l'eau dans son vin »	*modérer ses exigences*
« il n'y a plus qu'à tirer l'échelle »	*c'est impossible de faire mieux*
« les écuries d'Augias »	*se dit d'un lieu extrêmement sale*
« faire toucher les épaules »	*vaincre*
« être sur des épines »	*être dans un état de vive anxiété*
« passer l'éponge »	*passer sous silence et pardonner un incident, une erreur, une faute...*
« vivre en ermite »	*vivre seul, dans l'isolement volontaire*
1 « avoir à l'estomac »	*tromper sur ses forces ou ses intentions, en intimidant par l'audace*
2 « avoir l'estomac dans les talons »	*avoir très faim*
« brûler les étapes »	*aller très (trop) vite dans ce que l'on fait*

COMPRÉHENSION

FAIM

FARINE

FESSE

FEU

FEUILLE

FIGUE

FIGURE

FIL

FILET

FLEUR

FOURCHETTE

partir la fleur au fusil

« avoir une faim de loup »	*avoir très grand faim*
« rouler dans la farine »	*tromper par des ruses et des flatteries*
1 « avoir chaud aux fesses »	*être poursuivi de près / avoir peur*
2 « serrer les fesses »	*avoir peur*
1 « jouer avec le feu »	*agir de manière dangereuse*
2 « mettre à feu et à sang »	*ravager, saccager*
3 « mettre le feu aux poudres »	*provoquer la colère (de quelqu'un) ou déchaîner un événement grave*
1 « être dur de la feuille »	*être un peu sourd*
2 « trembler comme une feuille »	*trembler de peur / trembler de froid*
3 « voir / regarder la feuille à l'envers »	*faire l'amour dans la nature (se dit à propos des filles)*
« mi-figue, mi-raisin »	*ni tout à fait positif (agréable, plaisant, ...), ni tout à fait négatif*
« se casser la figure / gueule »	*tomber lourdement*
1 « de fil en aiguille »	*peu à peu, progressivement*
2 « ne tenir qu'à un fil »	*se dit de quelque chose de très fragile, de très précaire*
« travailler sans filet »	*prendre des risques*
« partir la fleur au fusil »	*partir avec enthousiasme (en parlant : – des soldats qui vont à la guerre en chantant ; – ou de quelqu'un qui aborde une action dangereuse avec courage)*
« la fourchette du père Adam »	*les doigts, dont on se sert pour manger, à défaut de fourchette*

F · COMPRÉHENSION

FOURMI

FRAISE

FROID

FRUIT

« avoir des fourmis dans les jambes »   avoir des picotements dans les jambes, à la suite d'une longue immobilité, ou du fait d'une maladie
être impatient d'agir

1 « ramener sa fraise »   se manifester hors de propos

2 « sucrer les fraises »   être agité d'un tremblement (signe fréquent de gâtisme)

« un froid de loup »   un très grand froid

« cueillir le fruit défendu »   faire ce qui n'est pas permis

cueillir le fruit défendu

COMPRÉHENSION

GANT

GÂTEAU

GENOU

GIRAFE

GOUTTE

GRAIN

GRELOT

GRIVE

GUEULE

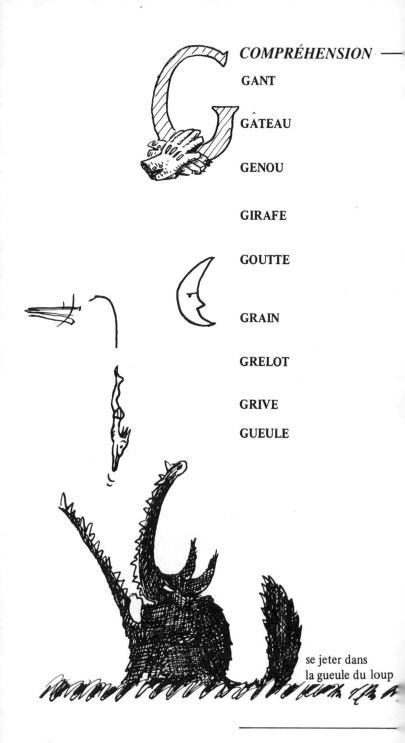

se jeter dans la gueule du loup

« prendre des gants »	*ménager, éviter de choquer, de heurter, ou de blesser*
« c'est du gâteau »	*se dit de quelque chose de très facile à réaliser*
1 « être chauve comme un genou »	*être complètement chauve*
2 « être sur les genoux »	*être épuisé*
« peigner la girafe »	*accomplir un travail tout à fait inutile*
« se ressembler comme deux gouttes d'eau »	*se dit quand la ressemblance (entre êtres ou objets) est parfaite*
« mettre / fourrer son grain de sel »	*se dit de quelqu'un qui se mêle de ce qui ne le regarde pas*
« avoir les grelots / foies »	*avoir peur*
« être soûl comme une grive »	*être complètement soûl*
« se jeter dans la gueule du loup »	*s'exposer imprudemment à un danger*

COMPRÉHENSION

HARPAGON

HÉRODE

HUILE

JAMBE

JEU

prendre ses jambes à son cou   **JOB**

« être avare comme Harpagon »	*être très avare, accumuler de l'argent sans en faire usage*
« être vieux comme Hérode »	*être très vieux*
« verser / jeter / mettre de l'huile sur le feu »	*provoquer la colère (de quelqu'un), ou envenimer une querelle*

1 « avoir les jambes coupées »	*être incapable de marcher, du fait de la fatigue* / *être incapable de marcher, du fait de l'émotion*
2 « avoir les jambes de laine »	*avoir les jambes molles, du fait de la fatigue*
3 « avoir les jambes qui rentrent dans le corps »	*être épuisé à force de marcher ou de rester debout*
4 « ça lui fait une belle jambe »	*ça ne lui sert à rien, c'est parfaitement inutile*
5 « prendre ses jambes à son cou »	*s'enfuir en courant, très vite*
6 « traiter (quelqu'un) par-dessous la jambe »	*n'avoir aucun égard (pour quelqu'un)*
« les jeux sont faits »	*c'est décidé, c'est résolu, on ne peut plus y revenir*
« être pauvre comme Job »	*être très pauvre*

COMPRÉHENSION

LAISSER

LAIT

LANGUE

LAPIN

LARME

LATIN

LÉGUME

LÉZARD

LOIR

LOUP

LOT

LUNE

LUNÉ

verser des larmes de crocodile

« se laisser glisser »	*se laisser mourir, sans résistance*
« boire du petit lait »	*éprouver une grande satisfaction d'amour-propre*
1 « avoir une langue de vipère »	*être très médisant*
2 « donner sa langue au chat »	*renoncer à deviner quelque chose*
« poser un lapin »	*convenir d'un rendez-vous et ne pas y aller*
1 « pleurer à chaudes larmes »	*pleurer abondamment*
2 « verser des larmes de crocodile »	*verser des larmes hypocrites, pour émouvoir et tromper*
« y perdre son latin »	*ne pas parvenir à comprendre ou à expliquer quelque chose*
« grosse légume »	*personnage important, influent*
« faire le lézard »	*se chauffer paresseusement au soleil*
« dormir comme un loir / une marmotte »	*dormir profondément*
1 « être connu comme le loup blanc »	*être très connu*
2 « hurler avec les loups »	*se joindre lâchement aux plus forts, pour critiquer, attaquer le(s) plus faible(s)*
« décrocher / gagner le gros lot »	*bénéficier d'une chance exceptionnelle*
« être dans la lune »	*être distrait, rêver*
« être bien / mal luné »	*être de bonne / mauvaise humeur*

COMPRÉHENSION

MADELEINE

MAIN

MAL

MALLE

MANCHE

mettre sa main au feu

« pleurer comme une Madeleine »	*verser beaucoup de larmes*
1 « avoir la haute main »	*posséder le contrôle*
2 « avoir la main heureuse »	*avoir de la chance dans son choix*
3 « avoir les mains libres »	*pouvoir agir librement*
4 « avoir les mains liées »	*ne pas pouvoir agir librement*
5 « donner la main / un coup de main »	*venir en aide*
6 « faire main basse sur... »	*s'approprier, voler*
7 « forcer la main »	*obliger à dire ou à faire*
8 « mener d'une main de fer »	*mener avec une inflexible autorité*
9 « mettre la dernière main (à quelque chose) »	*terminer (quelque chose)*
10 « mettre la main à la pâte »	*venir personnellement en aide, joindre ses efforts*
11 « mettre sa main au feu »	*être convaincu de ce qu'on avance*
12 « ne pas y aller de main morte »	*agir avec brutalité*
13 « prendre en main »	*assumer la responsabilité*
14 « se frotter les mains »	*se réjouir*
« se donner un mal de chien »	*se donner beaucoup de peine*
« se faire la malle / valise »	*partir, s'en aller*
1 « faire la manche »	*faire la quête ou la collecte (après un spectacle) / mendier*
2 « jeter la manche après la cognée »	*renoncer à l'action entreprise après la première difficulté ou le premier échec*

M · COMPRÉHENSION

MARMOT

MARRON

MATINÉE

MÉCANIQUE

MÈCHE

MÉMOIRE

MÉNAGE

MER

MERLE

MICHE

MILLE

MOINEAU

MOISI

MONTAGNE

labourer la mer

« croquer le marmot »	*attendre longtemps, avec impatience*
« tirer les marrons du feu »	*se laisser ravir par d'autres le fruit de ses efforts ou de ses sacrifices*
« faire la grasse matinée »	*dormir ou rester au lit tard dans la matinée*
« rouler les mécaniques »	*rouler des épaules, avoir une attitude prétentieuse*
« vendre la mèche »	*livrer un secret, trahir un complot*
1 « avoir une mémoire d'éléphant »	*avoir une mémoire exceptionnelle*
2 « avoir une mémoire de lièvre »	*avoir une mémoire peu fidèle*
« faire bon ménage »	*bien s'entendre, avoir de bonnes relations*
« labourer la mer »	*se livrer à une tâche totalement inutile*
« merle blanc »	*individu ou objet extrêmement rare*
« avoir les miches à zéro »	*avoir très peur*
« mettre dans le mille »	*atteindre l'objectif avec précision*
« drôle de / vilain moineau »	*individu malhonnête*
« ça sent le moisi »	*se dit dans une situation malsaine, quand il y a du danger*
« la montagne qui accouche d'une souris »	*le résultat décevant d'un projet ambitieux*

M · COMPRÉHENSION

MORT

MOUSSE

MOUTARDE

MOUTON

MOYEN

MULE

MUSIQUE

c'est le mouton à cinq pattes

1 « être plus mort que vif » être effrayé, paralysé de peur

2 « mourir de sa belle mort » *mourir de mort naturelle (de vieillesse et sans souffrir)*

« se faire | de la mousse | » *s'inquiéter*
         | du mouron |

« avoir la moutarde qui monte au nez » *être gagné par l'irritation*

« mouton à cinq pattes » *individu ou objet extrêmement rare, parfois même introuvable*

« perdre ses moyens » *ne plus être en mesure de réfléchir ou d'agir avec à propos*

« être têtu comme une mule » *être très têtu*

« connaître la musique » *savoir comment s'y prendre*

être têtu comme une mule

COMPRÉHENSION

NEZ

NOIR

NOYAU

NUES

NUIT

tomber des nues

1 « avoir (quelqu'un) dans le nez »   *avoir de l'antipathie (pour quelqu'un)*

2 « avoir le nez | creux | »
3 « avoir du nez » | fin | *avoir du flair, de la clairvoyance*

4 « | être | comme le nez au milieu de la figure »   *se dit de quelque chose qui est évident, irréfutable*
    | se voir |

5 « | mettre | son nez dans... »   *se dit de quelqu'un qui s'occupe de choses qui ne le concernent pas*
    | fourrer |

6 « se casser le nez »   *échouer*

7 « se | piquer | le nez »   *se soûler*
       | noircir |

« broyer du noir »   *être triste, déprimé*

« rembourré de noyaux de pêche »   *se dit d'un lit ou d'un fauteuil très dur, très peu confortable*

« tomber des nues »   *être très surpris*

« la nuit, tous les chats sont gris »   *la nuit, les êtres ou les choses se ressemblent*

COMPRÉHENSION

ŒIL

mettre tous ses œufs dans le même panier

ŒUF

ŒUVRE

1 « à l'œil »	*gratuitement*
2 « avoir (quelqu'un) à l'œil »	*surveiller (quelqu'un)* *se méfier (de quelqu'un)*
3 « avoir des yeux de lynx »	*avoir une vue très perçante*
4 « avoir les yeux plus grands que le ventre »	*être incapable de manger tout ce que l'on a demandé* *... de mener à bien tout ce que l'on a pris en charge*
5 « coûter les yeux de la tête »	*coûter très cher*
6 « sauter aux yeux »	*frapper par son évidence*
7 « faire les gros yeux »	*regarder (un enfant) avec sévérité*
8 « ne pas avoir froid aux yeux »	*avoir du courage* *être effronté*
9 « ouvrir l'œil »	*être très attentif*
10 « sous l'œil de ... »	*sous la surveillance de ...*
11 « taper dans l'œil »	*plaire, séduire*
12 « tourner de l'œil »	*s'évanouir*
« c'est l'œuf de Christophe Colomb »	*se dit de quelque chose qu'on n'a pas trouvé ou pas fait mais qui cependant paraît évident*
« mettre tous ses œufs dans le même panier »	*engager toutes ses ressources ou mettre tous ses espoirs dans la même affaire*
« tondre un œuf »	*être d'une avarice sordide*
« ne pas faire œuvre de ses dix doigts »	*ne rien faire*

COMPRÉHENSION

OIE

OMBRE

OREILLE

OS

OURS

« être bête comme une oie »	*être très bête*
« mettre à l'ombre »	*mettre en prison*
1 « avoir l'oreille basse »	*être honteux*
2 « dormir sur ses deux oreilles »	*dormir tranquillement, profondément* / *avoir toute confiance, ne pas être inquiet*
3 « entrer par une oreille et sortir par l'autre »	*ne laisser aucun souvenir* / *ne faire aucune impression*
4 « n'écouter que d'une oreille »	*écouter distraitement*
« tomber sur un os »	*rencontrer une difficulté imprévue*
1 « ours mal léché »	*individu bourru, grossier*
2 « tourner comme un ours en cage »	*aller et venir sans arrêt*

ça entre par une oreille et ça sort par l'autre

COMPRÉHENSION

PAGE

PANIER

PANNEAU

PAQUET

PARAPLUIE

PAS

PATATE

PATTE

PEAU

PÊCHE

PIE

« tourner la page »	*oublier le passé sans regrets ou reproches inutiles, repartir sur d'autres bases*
« être un panier percé »	*dépenser sans compter, de manière excessive*
« tomber dans le panneau »	*tomber dans le piège*
« mettre le paquet »	*faire le maximum*
« fermer son parapluie »	*mourir*
« marcher à pas de loup »	*se déplacer sans bruit, avec précaution*
« en avoir gros sur la patate »	*être très déçu / être très vexé*
« ne pas casser quatre pattes à un canard »	*se dit de quelqu'un, de quelque chose qui n'a rien d'extraordinaire*
« peau de pêche »	*peau douce et veloutée*
« faire peau neuve »	*changer de mode de vie, de manière d'être*
« n'avoir que la peau et les os »	*être très maigre*
« se fendre la pêche »	*rire sans retenue*
« être bavard comme une pie »	*être très bavard*

P · COMPRÉHENSION

PIED

les deux pieds dans le même sabot

1	« avoir bon pied bon œil »	*être en excellente santé (en parlant d'une personne âgée)*
2	« avoir / rester les deux pieds dans le même sabot / soulier »	*être passif, sans initiative*
3	« avoir les pieds sur terre »	*faire preuve de bon sens, de réalisme*
4	« avoir un pied dans la tombe »	*être près de la mort*
5	« ça ne se trouve pas sous le pied / pas d'un cheval »	*se dit de quelque chose qui est difficile à trouver*
6	« casser les pieds (de quelqu'un) »	*ennuyer, importuner (quelqu'un)*
7	« être bête comme ses pieds »	*être stupide*
8	« être pieds et poings liés »	*être réduit à l'impuissance*
9	« faire du pied »	*frôler le pied (de quelqu'un) pour manifester un désir amoureux*
	« faire le pied de grue »	*attendre longtemps debout*
	« lever le pied »	*s'en aller, filer*
	« mettre le pied à l'étrier (à quelqu'un) »	*venir en aide (à quelqu'un) en lui procurant les moyens de réussir*
	« mettre les pieds dans le plat »	*intervenir de façon maladroite ou provocante*
	« ne pas savoir sur quel pied danser »	*hésiter sur la conduite à choisir, l'attitude à prendre*
	« ne pas se moucher du pied / coude »	*se croire important, être prétentieux*
	« partir / s'en aller / sortir les pieds devant »	*être mort*
	« prendre son pied »	*avoir du plaisir*

P · COMPRÉHENSION

PINSON

PIPE

PISSENLIT

PLAFOND

PLANCHE

PLATE-BANDE

PLUIE

PLUME

POIL

POINT

POIRE

POIREAU

« être gai comme un pinson »	*être très gai*
« casser sa pipe »	*mourir*
« manger / bouffer les pissenlits par la racine »	*être mort et enterré*
« être bas de plafond »	*être borné, sot*
« être entre quatre planches »	*être mort et enfermé dans son cercueil*
« piétiner / marcher sur les plates-bandes (de quelqu'un) »	*empiéter sur les attributions (de quelqu'un)*
« faire la pluie et le beau temps »	*avoir une grande influence*
« ne pas être né / tombé de la dernière pluie »	*avoir de l'expérience, ne pas être naïf*
« voler dans les plumes (de quelqu'un) »	*se jeter (sur quelqu'un), l'attaquer brusquement* / *attaquer (quelqu'un) verbalement, avec violence et soudaineté*
« être de bon / mauvais poil »	*être de bonne / mauvaise humeur*
« reprendre du poil de la bête »	*se ressaisir, récupérer des forces ou du courage*
« mettre les points sur les i »	*insister fortement pour dissiper toute confusion, toute ambiguïté, tout malentendu.*
« couper la poire en deux »	*transiger, partager les avantages et les inconvénients*
« garder une poire pour la soif »	*économiser pour les éventuels besoins à venir*
« faire le poireau »	*attendre longtemps, sur place*

P · COMPRÉHENSION

POISSON

POMME

PORTE

PORTUGAISE
POT
POUDRE

POULE

PRUNE

balayer devant sa porte **PUCE**

1 « être comme un poisson dans l'eau »	*être très à l'aise*
2 « être heureux comme un poisson dans l'eau »	*être très heureux*
1 « être haut comme trois pommes »	*être tout petit (en parlant d'un enfant)*
2 « tomber dans les pommes »	*s'évanouir*
1 « balayer devant sa porte »	*s'attaquer à ses erreurs et à ses faiblesses avant de critiquer celles des autres*
2 « être aimable comme une porte de prison »	*être désagréable, antipathique*
« avoir les portugaises ensablées »	*entendre mal*
« découvrir le pot aux roses »	*découvrir le secret d'une affaire*
« prendre la poudre d'escampette »	*prendre la fuite*
1 « être comme une poule qui a trouvé un couteau »	*être déconcerté, embarrassé devant un événement imprévu*
2 « être une poule mouillée »	*être peureux, lâche*
« pour des prunes »	*pour rien, inutilement*
« mettre la puce à l'oreille »	*éveiller la méfiance*
« secouer les puces »	*faire de vigoureuses réprimandes*

COMPRÉHENSION

QUEUE

RADIS

RANG

RAT

RENARD

ROND

ROULETTE

RUE

« sans queue ni tête »　　　　　*incohérent, absurde*

« ne pas avoir un radis »　　　　*être sans argent*

« en rang d'oignons »　　　　　*en ligne*

« être comme un rat dans un　　*trouver tout abondamment,*
fromage »　　　　　　　　　　　*sans effort*

« être un vieux renard »　　　　*être rusé*

« en baver des ronds de chapeau »　*souffrir de conditions très pénibles*

« faire des ronds de jambe »　　*faire des politesses exagérées dans le but de plaire*

« | aller | comme sur des　　*fonctionner parfaitement, sans*
　| marcher |　　　　　　　　　　　*aucune difficulté*
roulettes »

« courir les rues »　　　　　　　*se dit de quelque chose d'extrêmement commun, que tout le monde connaît*

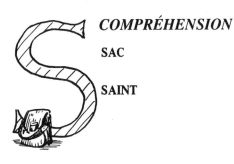

COMPRÉHENSION

SAC

SAINT

SANG

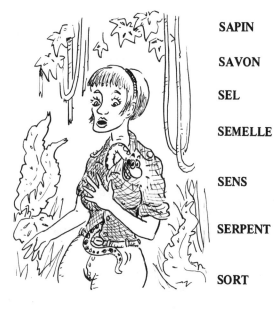

réchauffer un serpent dans son sein

SAPIN

SAVON

SEL

SEMELLE

SENS

SERPENT

SORT

SOUPE

« être un sac d'os »	*être excessivement maigre*
« coiffer Sainte-Catherine »	*fêter ses 25 ans étant célibataire (en parlant d'une fille)*
« ne plus savoir à quel saint se vouer »	*ne plus savoir comment s'y prendre pour sortir d'une situation difficile*
« avoir du sang de navet dans les veines »	*être anémique, manquer de forces / manquer de courage physique*
« se faire du mauvais sang / de la bile »	*s'inquiéter, se tourmenter*
« se faire un sang d'encre »	*s'inquiéter, se tourmenter énormément*
« suer sang et eau »	*produire de très gros efforts*
« sentir le sapin »	*ne plus avoir longtemps à vivre*
« passer un savon »	*réprimander vivement*
« être fin comme du gros sel »	*manquer de finesse*
« battre la semelle »	*attendre, en marchant*
« sens dessus dessous »	*à l'envers / dans un grand désordre (psychique)*
« réchauffer un serpent dans son sein »	*être la victime d'un ingrat qu'on a aidé*
« le sort en est jeté »	*se dit quand la décision est irrévocablement prise*
« cracher dans la soupe »	*faire preuve d'ingratitude en critiquant ce qu'on a aimé ou dont on a bénéficié*

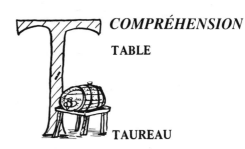

COMPRÉHENSION —

TABLE

TAUREAU

TALON

TÊTE

avoir une tête de cochon

TIGRE

1 « faire table rase »	*changer radicalement d'idées ou de comportement*
2 « mieux se tenir à table qu'à cheval »	*avoir un solide appétit*
« prendre le taureau par les cornes »	*affronter une difficulté avec détermination*
« le talon d'Achille (de quelqu'un) »	*le point faible, le côté vulnérable (de quelqu'un)*
1 « avoir la grosse tête »	*être très (trop) satisfait de soi-même*
2 « avoir la tête en l'air »	*être distrait, ne pas prêter attention à ce que l'on fait*
3 « avoir la tête près du bonnet »	*se mettre facilement en colère*
4 « avoir la tête sur les épaules »	*être équilibré, raisonnable*
5 « avoir toute sa tête »	*demeurer très lucide (en parlant d'une personne âgée)*
6 « avoir une tête de |cochon| » / |lard|	*avoir mauvais caractère / être têtu*
7 « donner sa tête à couper »	*affirmer avec conviction*
8 « être une tête de linotte »	*être étourdi*
9 « faire la tête »	*bouder, être de mauvaise humeur*
10 « faire une tête d'enterrement »	*avoir l'air triste*
11 « laver la tête »	*réprimander, faire des reproches*
12 « marcher sur la tête »	*agir en dépit du bon sens*
13 « n'en faire qu'à sa tête »	*n'écouter les conseils de personne*
14 « perdre la tête »	*perdre son calme, son sang-froid*
« être jaloux comme un tigre »	*être très jaloux*
« mettre un tigre dans son moteur »	*agir avec plus de dynamisme, d'énergie*

T · COMPRÉHENSION

TOUR

TRANCHE

TROU

TROUILLE

« jouer un tour de cochon (à quelqu'un) » — *faire du tort, nuire (à quelqu'un)*

« s'en payer une tranche » — *s'amuser énormément*

1 « boire comme un trou » — *s'énivrer, boire beaucoup*

2 « on le (la) ferait rentrer dans un trou de souris » — *se dit d'une personne très peureuse*

« avoir | la trouille | » — *avoir peur*
         | les jetons |

on le ferait rentrer dans un trou de souris

COMPRÉHENSION

VACHE

VEINE

VENTRE

VÉRITÉ

VERRE

VERT

VESSIE

VESTE

VIE

VIEUX

VIGNE

se noyer dans un verre d'eau   **VIOLON**

« manger de la vache enragée »	*subir de dures privations*
« avoir une veine de pendu »	*avoir une chance extraordinaire*
« se saigner aux quatre veines »	*se priver durement (pour quelqu'un)*
« ça me ferait mal au ventre »	*se dit de quelque chose qui serait désagréable à accepter*
« être à plat ventre »	*faire la cour, flatter*
« taper sur le ventre (de quelqu'un) »	*être très familier (avec quelqu'un)*
« ventre à terre »	*très vite*
« vérité de La Palice »	*vérité si évidente qu'elle prête à rire*
« se noyer dans un verre d'eau »	*être incapable de faire face à la moindre difficulté*
« mettre au vert »	*mettre au repos, à la campagne*
« faire prendre des vessies pour des lanternes »	*tromper grossièrement*
« ramasser / prendre une veste »	*subir un échec (souvent électoral)*
« retourner sa veste »	*changer complètement et brusquement d'opinion, pour tirer le meilleur parti des circonstances*
« passer de vie à trépas »	*mourir*
« être un vieux de la vieille »	*être un vétéran, une personne de longue expérience (dans un domaine précis)*
« être dans les vignes du seigneur »	*être ivre*
« aller plus vite que les violons / la musique »	*aller trop vite, ne pas suivre le rythme*

V · COMPRÉHENSION

VOILE

ZÈBRE
ZÉRO

« mettre les voiles »   *s'en aller furtivement (sans attirer l'attention)*

« courir comme un zèbre »   *courir très vite*

« repartir à zéro »   *tout reprendre au début*

DICTIONNAIRE DE PRODUCTION
(ou d'ENCODAGE)

— pour trouver une expression imagée qui corresponde
au sens que le consultant cherche à exprimer —

Le maniement du dictionnaire de production (ou d'encodage : du sens à exprimer — connu — à la forme susceptible de l'exprimer — inconnue ou non disponible —) risque de poser problème, dans la mesure où sa présentation/composition ne relève pas du modèle classique de dictionnaire aujourd'hui sur le marché. L'utilisateur a en effet l'habitude d'interroger un ouvrage dont la vedette est une étiquette formelle qui oriente vers un sens, généralement objet de la consultation. La demande étant ici inverse, l'utilisateur entre dans le dictionnaire par une vedette qui n'exprime plus une forme, mais un sens. Cette étiquette sémantique conduit à la forme cherchée, comme l'étiquette formelle conduit au sens à découvrir.

De la même manière que le choix de l'étiquette formelle représentant l'expression imagée relève d'une règle qu'il faut connaître pour utiliser convenablement le dictionnaire de décodage, le choix de l'étiquette sémantique répond à un principe sur lequel il convient d'être éclairé pour se servir efficacement du dictionnaire d'encodage.

L'étiquette sémantique, ou vedette est une définition réduite à **un** substantif*, c'est-à-dire approximative, qui, en servant de repère de contenu, doit permettre de trouver la forme de l'expression imagée à produire. En effet, si le sens approché de cette expression coïncide globalement avec le sens que le consultant veut exprimer, celui-ci vérifiera plus précisément à travers la définition développée si ladite expression est susceptible ou non de satisfaire son attente.

---

* Pour connaître les raisons du choix du substantif comme définisseur minimal des expressions imagées à découvrir, l'utilisateur pourra consulter le chapitre III de l'ouvrage intitulé « Des mots pour communiquer » (voir références dans « Utilisation »).

La vedette du dictionnaire d'encodage joue donc le rôle d'aiguilleur vers une expression imagée que le consultant ignore ou ne parvient pas à mobiliser, dans la situation où il se trouve.

PRÉSENTATION DES INFORMATIONS ET ITINÉRAIRE DE LECTURE
(de haut en bas pour découvrir la vedette,
de gauche à droite pour chercher la forme)

SIGNIFIÉ ➡	SIGNIFIANT ➡	SIGNIFIÉ
VEDETTES (étiquettes sémantiques)	EXPRESSIONS IMAGÉES	DÉFINITIONS DÉVELOPPÉES (paraphrases)
ABANDON	« baisser les bras »	*abandonner la lutte, renoncer à l'action*
	« laisser en carafe »	*abandonner (quelqu'un ou quelque chose)*
etc.	...	...

Au cas où le consultant ne disposerait pas de l'étiquette sémantique cernant d'assez près le message à transmettre — donc susceptible de le conduire directement à l'expression imagée de son choix —, le classement des vedettes en sept grandes catégories de sens devrait lui permettre d'orienter sa démarche plus aisément et de découvrir ce qu'il cherche.

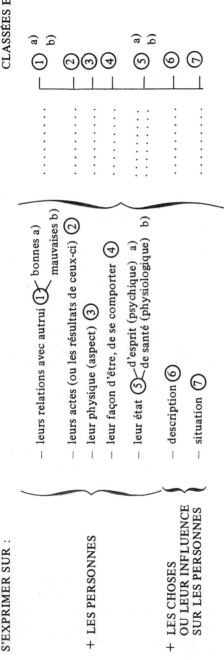

	①		②
a)		b)	
accommodement		abandon	abstinence
accouplement		abêtissement	accommodement
		adjoint	accouplement
		antipathie	achèvement
aide		attaque	amusement
amitié		autoritarisme	aumône
amour		chamaillerie	autocritique
approche		contrainte	bévue
confidence		dépendance	brutalité
cordialité		dérobade	changement
		diplomatie	charge
		dissension	chimère
		docilité	chinoiserie
		duperie	chute
		empoignade	collecte
			contrôle
			coup
encouragement			course
entente		exploitation	cruauté
		familiarité	danger
		flatterie	déconvenue
			découverte
franchise			départ
		froideur	désagrément
			détermination
galanterie			discrétion
		hostilité	échec
		hypocrisie	effort
		importance	empêchement
		importunité	farniente
		inconstance	fuite
		ingratitude	imprudence
		insistance	incohérence
		intimidation	indécision
		malveillance	influence
		manquement	intrusion
		méfiance	maladresse
		menace	maximum
ménagement			modération
		mépris	moralité
		obstruction	oisiveté
		perfidie	opportunisme
protection			pardon
		provocation	peine
		rancune	pleurs
		réprimande	précaution
		saturation	précision
séduction			prévoyance
		servilité	provocation
		sévérité	redépart
solidarité			renoncement
		surveillance	repos
		traîtrise	responsabilité
		tromperie	rire
		vexation	
		victime	
	risque	surprise	vigilance
	ruse	traîtrise	vitalité
	saccage	transgression	vitesse
	sommeil	victoire	vol
	sourdine		voyage

③

attrait
calvitie
croissance
embonpoint
enrouement
faiblesse
longueur
maigreur
petitesse
surdité
vieillesse
vue
zézaiement

④

adresse
ambition
appétit
arrivisme
avarice
avidité
bavardage
bêtise
célibat
colère
confiance
couardise
courage
cruauté
déséquilibre
effronterie
énergie
entêtement
équilibre
étourderie
exigence
expérience
fierté
flair
franchise
gaieté
générosité
gentillesse
gourmandise
grogne
grossièreté
illogisme
inattention
incapacité
incohérence
inconstance
indécision
irascibilité
isolement
jalousie
lâcheté
lenteur
lourdeur
lucidité
malhonnêteté
médiocrité
médisance
mémoire
moralité
obstacle
oubli
paresse
passivité
poltronnerie
précipitation
prétention
réalisme
relâchement
ruse
sottise
spontanéité
stupidité
vanité

5

a)

- affolement
- agitation
- bouderie
- contentement
- conviction
- déception
- désagrément
- désarroi
- émotion
- enthousiasme
- folie
- hésitation
- honte
- humeur
- impatience
- inquiétude
- irritation
- neurasthénie
- peur
- plaisir
- regret
- satisfaction
- sérénité
- souci
- souffrance
- tristesse
- trouble
- vexation

b)

- agonie
- alcoolisme
- anémie
- épuisement
- étourdissement
- évanouissement
- faim
- fatigue
- froid
- indisposition
- ivresse
- mort
- picotement
- ressaisissement
- santé
- tremblement
- vitalité

6

- alignement
- banalité
- cherté
- complication
- croissance
- difficulté
- doigt
- douceur
- équivoque
- évidence
- facilité
- gratuité
- inconfort
- insignifiance
- inversion
- précarité
- progression
- rareté
- ressemblance
- saleté
- soldat
- truisme

7

- abandon
- abondance
- absence
- abstinence
- achèvement
- agitation
- aise
- amélioration
- anxiété
- attente
- chance
- changement
- charge
- confort
- contretemps
- crépuscule
- danger
- découverte
- dépendance
- difficulté
- échec
- embarras
- frayeur
- impuissance
- inaccessibilité
- incompréhension
- incertitude
- indigence
- inutilité
- irrévocabilité
- jubilation
- méfiance
- pauvreté
- perte
- piège
- poursuite
- prison
- privation
- prodigalité
- profit
- renommée
- richesse
- surprise
- vétéran
- vicissitude

PRODUCTION

ABANDON

ABÊTISSEMENT

ABONDANCE

ABSENCE

ABSTINENCE

ACCOMMODEMENT

ACCOUPLEMENT

ACHÈVEMENT

 ADJOINT

ADRESSE

AFFOLEMENT

AGITATION

AGONIE

perdre la tête

1 « baisser les bras »	*abandonner la lutte, renoncer à l'action*
2 « laisser en carafe »	*abandonner (quelqu'un ou quelque chose)*
« faire tourner en bourrique »	*agacer ou abêtir par des taquineries, des exigences, des tracasseries*
« être comme un rat dans un fromage »	*trouver tout abondamment, sans effort*
« il n'y a pas un chat »	*il n'y a personne*
« manger avec les chevaux de bois »	*se passer de repas*
2 « se mettre la ceinture »	*se priver (de manger ou d'autre chose)*
« couper la poire en deux »	*transiger, partager les avantages et les inconvénients*
« voir / regarder la feuille à l'envers »	*faire l'amour dans la nature (se dit à propos des filles)*
« mettre la dernière main (à quelque chose) »	*terminer (quelque chose)*
« être le bras droit (de quelqu'un) »	*être le principal adjoint (de quelqu'un)*
« avoir des doigts de fée »	*être d'une merveilleuse adresse*
« perdre la boussole / le nord »	*s'affoler, ne plus contrôler ses réactions*
« perdre la tête »	*perdre son calme, son sang-froid*
« tourner comme un ours en cage »	*aller et venir sans arrêt*
« être à l'article de la mort »	*être à l'agonie (sur le point de mourir)*

$a\cdot$ PRODUCTION —

AIDE

AISE

ALCOOLISME

ALIGNEMENT

AMBITION

AMÉLIORATION

AMITIÉ

AMOUR

AMUSEMENT

ANÉMIE

ANTIPATHIE

donner la main

1 « donner la main / un coup de main »	*venir en aide*
2 « mettre la main à la pâte »	*venir personnellement en aide, joindre ses efforts*
3 « mettre le pied à l'étrier »	*venir en aide (à quelqu'un), en lui procurant les moyens de réussir*
« être comme un poisson dans l'eau »	*être très à l'aise*
« boire comme un trou »	*s'énivrer, boire beaucoup*
« lever le coude »	*être porté sur la boisson*
« en rang d'oignons »	*en ligne*
« avoir les dents longues »	*avoir beaucoup d'ambition*
« mettre du beurre dans les épinards »	*améliorer les conditions ordinaires d'existence*
« être comme les doigts de la main »	*très unis par l'amitié, être très liés*
« porter (quelqu'un) dans son cœur »	*avoir de l'amour (pour quelqu'un)*
« s'en payer une tranche »	*s'amuser énormément*
« avoir du sang de navet dans les veines »	*être anémique, manquer de forces*
« avoir (quelqu'un) dans le nez »	*avoir de l'antipathie (pour quelqu'un)*
« être aimable comme une porte de prison »	*être désagréable, antipathique*
« ne pas porter (quelqu'un) dans son cœur »	*n'avoir aucune sympathie (pour quelqu'un)*

a · **PRODUCTION** —

ANXIÉTÉ

APPÉTIT

APPROCHE

ARRIVISME

ATTAQUE

ATTENTE

ATTRAIT

AUMONE

AUTOCRITIQUE

1	« être sur des charbons ardents »	*être anxieux, dans l'attente de quelque chose ou de quelqu'un*
2	« être sur des épines »	*être dans un état de vive anxiété*

1	« dévorer à belles dents »	*manger de bon appétit*
2	« mieux se tenir à table qu'à cheval »	*avoir un solide appétit*

« faire du pied »	*frôler le pied (de quelqu'un) pour manifester un désir amoureux*
« jouer des coudes »	*se démener sans scrupules pour réussir*

1	« rentrer dans le chou (de quelqu'un) »	*attaquer, malmener, frapper (quelqu'un)*
2	« voler dans les plumes (de quelqu'un) »	*se jeter (sur quelqu'un), l'attaquer brusquement*

1	« battre la semelle »	*attendre, en marchant*
2	« croquer le marmot »	*attendre longtemps, avec impatience*
3	« faire le pied de grue »	*attendre longtemps, debout*
4	« faire le poireau »	*attendre longtemps, sur place*

« avoir du chien »	*se dit d'une femme qui a beaucoup d'attrait, de charme*
« faire la manche »	*mendier*
« balayer devant sa porte »	*s'attaquer à ses erreurs et à ses faiblesses, avant de critiquer celles des autres*

a. **PRODUCTION**

AUTORITARISME

AVARICE

AVIDITÉ

1. « faire marcher à la baguette » — *conduire avec autorité*
2. « mener au doigt et à l'œil » — *mener avec une ferme autorité*
3. « mener d'une main de fer » — *mener avec une inflexible autorité*
4. « mener (quelqu'un) par le bout du nez » — *avoir une autorité absolue (sur quelqu'un)*

« être avare comme Harpagon » — *être très avare, accumuler de l'argent sans en faire usage*

« tondre un œuf » — *être d'une avarice sordide*

« avoir les dents longues » — *être avide de biens et de richesses*

faire marcher à la baguette

PRODUCTION

BANALITÉ

BAVARDAGE

BEAUTÉ

BÊTISE

BÉVUE

BOUDERIE

BRUTALITÉ

faire la tête

« courir les rues »	*se dit de quelque chose d'extrêmement commun, que tout le monde connaît*
« être bavard comme une pie »	*être très bavard*
« c'est un beau châssis »	*se dit d'une femme bien faite, agréable à regarder*
« être bête comme une oie »	*être très bête*
« se mettre / se fourrer le doigt dans l'œil »	*se tromper*
« faire la tête »	*bouder, être de mauvaise humeur*
« ne pas y aller de main morte »	*agir avec brutalité*

être bavard comme une pie

PRODUCTION —

CACHE-CACHE

CALVITIE

CÉLIBAT

CHAMAILLERIE

CHANCE

CHANGEMENT

CHARGE

CHERTÉ

CHIMÈRE

CHINOISERIE

CHUTE

« jouer au chat et à la souris »	*se cacher de quelqu'un*
« être chauve comme un genou »	*être complètement chauve*
« coiffer Sainte-Catherine »	*fêter ses vingt-cinq ans, étant célibataire (en parlant d'une fille)*
« être comme chien et chat »	*se chamailler sans arrêt*
1 « avoir la main heureuse »	*avoir de la chance dans son choix*
2 « avoir une veine de pendu »	*avoir une chance extraordinaire*
3 « décrocher le gros lot »	*bénéficier d'une chance exceptionnelle*
4 « être né coiffé »	*être chanceux*
1 « faire peau neuve »	*changer de mode de vie, de manière d'être*
2 « faire table rase »	*changer radicalement d'idées ou de comportement*
« avoir quelqu'un sur les bras »	*avoir à charge, entretenir (quelqu'un)*
« coûter les yeux de la tête »	*coûter très cher*
« bâtir des châteaux en Espagne »	*faire des projets chimériques*
« couper les cheveux en quatre »	*faire des distinctions trop subtiles, compliquer inutilement les choses*
1 « |prendre|un(e)|bûche|» ramasser gadin gamelle pelle	*tomber*
2 « se casser la |figure|» gueule	*tomber lourdement*

C · PRODUCTION

COLÈRE

COLLECTE

COMPLICATION

CONFORT

CONFIANCE

CONFIDENCE

CONTENTEMENT

CONTRAINTE

CONTRETEMPS

CONTRÔLE

CONVICTION

se frotter les mains

CORDIALITÉ

« monter sur ses grands chevaux »	*le prendre de haut, se mettre en colère*
« faire la manche »	*faire la collecte (après un spectacle)*
« c'est la croix et la bannière »	*se dit en présence de grandes complications*
« être comme un coq en pâte »	*avoir son confort, être bien soigné*
« dormir sur ses deux oreilles »	*avoir toute confiance, ne pas être inquiet*
« ouvrir son cœur »	*confier ses sentiments*
« se frotter les mains »	*se réjouir*
1 « forcer la main »	*obliger à dire ou à faire*
2 « mettre le couteau sous la gorge »	*obliger à dire ou à faire par la contrainte*
« arriver comme un cheveu sur la soupe »	*arriver mal à propos*
« avoir la haute main »	*posséder le contrôle*
1 « donner / mettre sa tête à couper »	*affirmer avec conviction*
2 « mettre sa main au feu »	*être convaincu de ce qu'on avance*
« à bras ouverts »	*avec une grande cordialité*

C · PRODUCTION —

COUARDISE

COUP

COURAGE

COURSE

CRÉPUSCULE

CROISSANCE

CRUAUTÉ

« être une poule mouillée »	*être peureux, lâche*
1 « à bras raccourcis »	*en portant des coups violents*
2 « coup du lapin »	*coup brutal, porté sur la nuque*
1 « avoir quelque chose dans le buffet / en avoir dans le ventre »	*être très brave, très courageux*
2 « ne pas avoir froid aux yeux »	*avoir du courage*
« courir comme un zèbre »	*courir très vite*
« entre chien et loup »	*à la tombée de la nuit*
« pousser comme un champignon »	*se développer très vite*
« jouer au chat et à la souris »	*prendre plaisir à se jouer de quelqu'un qui est condamné*

courir comme un zèbre

95

PRODUCTION

DANGER

DÉCEPTION

DÉCONVENUE

DÉCOUVERTE

DÉPART

DÉPENDANCE

DÉROBADE

DÉSAGRÉMENT

DÉSARROI

DÉSÉQUILIBRE

DÉTERMINATION

1 « ça sent le moisi »	*se dit d'une situation malsaine : quand il y a du danger*
2 « jouer avec le feu »	*agir de manière dangereuse*
« en avoir gros sur la patate »	*être très déçu*
« la montagne qui accouche d'une souris »	*le résultat décevant d'un projet ambitieux*
« découvrir le pot aux roses »	*découvrir le secret d'une affaire*
1 « lever l'ancre »	*partir, s'éloigner*
2 « lever le pied »	*s'en aller, filer*
3 « se faire la malle / valise »	*partir, s'en aller*
« avoir les mains liées »	*ne pas pouvoir agir librement*
1 « faire faux bond (à quelqu'un) »	*ne pas répondre à l'attente (de quelqu'un), notamment ne pas se rendre à un rendez-vous*
2 « filer à l'anglaise »	*partir, sans se faire remarquer*
3 « mettre les voiles »	*s'en aller furtivement, sans attirer l'attention*
« ça me ferait mal au ventre »	*se dit de quelque chose qui serait désagréable à accepter*
« sens dessus dessous »	*dans un grand désordre (psychique)*
« travailler du chapeau »	*être un peu déséquilibré mentalement*
« prendre le taureau par les cornes »	*affronter une difficulté avec détermination*

d · PRODUCTION

DIFFICULTÉ

DIPLOMATIE

DISCRÉTION

DISSENSION

DOCILITÉ

DOIGT

DOUCEUR

DUPERIE

être sur la corde raide

1 « ça ne se trouve pas sous le pied | d'un cheval » pas |	*se dit de quelque chose qui est difficile à trouver*
2 « être dans de beaux draps »	*être dans une fâcheuse situation*
3 « être sur la corde raide »	*être dans une situation difficile où il y a lieu d'être prudent*
« ménager la chèvre et le chou »	*éviter de prendre parti, de manière à ne mécontenter personne*
« du coin de l'œil »	*discrètement*
« se mettre (quelqu'un) à dos »	*se faire un adversaire (de quelqu'un)*
« se laisser mener par le bout du nez »	*se soumettre docilement à la volonté (de quelqu'un)*
« la fourchette du père Adam »	*les doigts, dont on se sert pour manger, à défaut de fourchette*
« peau de pêche »	*peau douce et veloutée*
1 « être le dindon de la farce »	*être la victime d'une plaisanterie, ou la dupe dans une affaire*
2 « tirer les marrons du feu »	*se laisser ravir par d'autres le produit de ses efforts ou de ses sacrifices*

PRODUCTION —

ÉCHEC

EFFORT

EFFRONTERIE

EMBARRAS

EMBONPOINT

ÉMOTION

EMPÊCHEMENT

EMPIÉTEMENT

EMPOIGNADE

ENCOURAGEMENT

1 « faire chou blanc »	*échouer dans une démarche, une entreprise*
2 « finir en eau de boudin »	*mal tourner, finir par un échec*
3 « l'avoir dans le cul »	*se dit quand on a échoué*
4 « ramasser / prendre une veste »	*subir un échec (souvent électoral)*
5 « se casser le nez »	*échouer*
« suer sang et eau »	*produire de très gros efforts*
« ne pas avoir froid aux yeux »	*être effronté*
1 « être assis entre deux chaises »	*être dans une situation embarrassante*
2 « être comme une poule qui a trouvé un couteau »	*être déconcerté, embarrassé devant un événement imprévu*
3 « ne plus savoir à quel saint se vouer »	*ne plus savoir comment s'y prendre pour sortir d'une situation difficile*
« être bien en chair »	*avoir un léger embonpoint*
« avoir les jambes coupées »	*être incapable de marcher, du fait de l'émotion*
« mettre des bâtons / barres dans les roues »	*s'opposer à la réalisation de quelque chose*
« piétiner / marcher sur les plates bandes (de quelqu'un) »	*empiéter sur les attributions (de quelqu'un)*
1 « rentrer dans le chou (de quelqu'un) »	*attaquer verbalement (quelqu'un), sans retenue, pour lui faire mal*
2 « voler dans les plumes (de quelqu'un) »	*attaquer verbalement (quelqu'un), avec violence et soudaineté*
« donner du cœur au ventre »	*encourager*

e · PRODUCTION

ÉNERGIE

ENROUEMENT

ENTENTE

faire bon ménage

ENTÊTEMENT

ENTHOUSIASME

ÉPUISEMENT

ÉQUILIBRE

ÉQUIVOQUE

tomber dans les pommes

ÉTOURDERIE

ÉTOURDISSEMENT

ÉVANOUISSEMENT

1 « avoir mangé du | cheval | lion | »	*faire preuve d'une énergie inhabituelle*
2 « mettre un tigre dans son moteur »	*agir avec plus de dynamisme, d'énergie*
« avoir un chat dans la gorge »	*être enroué*
1 « être comme cul et chemise »	*se dit de personnes qui sont souvent ensemble, qui s'entendent bien*
2 « faire bon ménage »	*bien s'entendre, avoir de bonnes relations*
1 « avoir une tête de | cochon | lard | »	*être têtu*
2 « être têtu comme une mule »	*être très têtu*
3 « n'en faire qu'à sa tête »	*n'écouter les conseils de personne*
« partir la fleur au fusil »	*partir avec enthousiasme (en parlant : – des soldats qui vont à la guerre en chantant ; – ou de quelqu'un qui aborde une action dangereuse avec courage)*
« être au bout du rouleau »	*avoir épuisé toutes ses forces ou ses ressources*
« avoir la tête sur les épaules »	*être équilibré, raisonnable*
« mi-figue, mi-raisin »	*ni tout à fait positif (agréable, plaisant,...), ni tout à fait négatif*
« être une tête de linotte »	*être étourdi*
« en voir trente-six chandelles »	*être étourdi par un coup*
1 « tomber dans les pommes »	*s'évanouir*
2 « tourner de l'œil »	*s'évanouir*

e. PRODUCTION

ÉVIDENCE

EXIGENCE

EXPÉRIENCE

EXPLOITATION

1 « être / se voit comme le nez au milieu de la figure »   *se dit de quelque chose qui est évident, irréfutable*

2 « sauter aux yeux »   *frapper par son évidence*

« être à cheval sur... »   *être très exigeant sur...*

1 « connaître la musique »   *savoir comment s'y prendre*

2 « ne pas être né / tombé de la dernière pluie »   *avoir de l'expérience, ne pas être naïf*

3 « toucher sa bille »   *avoir de l'expérience, être compétent*

« presser (quelqu'un) comme un citron »   *tirer le maximum (de quelqu'un), (l') exploiter*

presser (quelqu'un) comme un citron

PRODUCTION

FACILITÉ

FAIBLESSE

FAIM

FAMILIARITÉ

FARNIENTE

FATIGUE

FIERTÉ

1 « aller / marcher comme sur des roulettes » — *fonctionner parfaitement, sans aucune difficulté*

2 « c'est du billard » — *se dit de quelque chose qui se passe très bien, sans poser de problème*

3 « c'est du gâteau » — *se dit de quelque chose de très facile à réaliser*

4 « les doigts dans le nez » — *facilement, sans effort*

« le talon d'Achille (de quelqu'un) » — *le point faible, le côté vulnérable (de quelqu'un)*

1 « avoir la dent » — *avoir faim*

2 « avoir l'estomac dans les talons » — *avoir très faim*

3 « avoir une faim de loup » — *avoir très grand faim*

« taper sur le ventre (de quelqu'un) » — *être très familier (avec quelqu'un)*

1 « avoir les doigts de pied en éventail » — *se prélasser, se détendre*

2 « faire le lézard » — *se chauffer paresseusement au soleil*

1 « avoir le coup de barre / bambou » — *éprouver soudain une très grande fatigue*

2 « avoir les jambes coupées » — *être incapable de marcher, du fait de la fatigue*

3 « avoir les jambes de laine / coton » — *avoir les jambes molles du fait de la fatigue*

4 « avoir les jambes qui rentrent dans le corps » — *être épuisé, à force de marcher ou de rester debout*

5 « en avoir plein les bottes » — *être très fatigué*

6 « être sur les genoux » — *être épuisé, ne pas pouvoir en faire davantage*

« être fier comme Artaban » — *être très fier*

f. **PRODUCTION** —

FLAIR

FLATTERIE

FOLIE

FRANCHISE

FRAYEUR

FROID

FROIDEUR

se regarder en chien de faïence *FUITE*

1 « avoir le nez creux / fin »	
2 « avoir du nez »	*avoir du flair, de la clairvoyance*
« lécher le cul »	*flatter bassement*
1 « marcher sur la tête »	*agir en dépit du bon sens*
2 « perdre la boule / tête »	*devenir fou*
1 « appeler un chat un chat »	*appeler les choses par leur nom, sans rien dissimuler*
2 « jouer cartes sur table »	*agir ou s'expliquer ouvertement, sans rien cacher*
3 « parler à cœur ouvert »	*parler en toute franchise*
« faire dresser les cheveux sur la tête »	*inspirer de la frayeur*
1 « avoir la chair de poule »	*avoir froid*
2 « claquer des dents »	*avoir très froid*
3 « trembler comme une feuille »	*trembler de froid*
4 « un froid de loup »	*un très grand froid*
« se regarder en chien de faïence »	*se regarder sans bienveillance, avec froideur*
1 « mettre les bouts »	*s'enfuir*
2 « prendre la poudre d'escampette »	*prendre la fuite*
3 « prendre ses jambes à son cou »	*s'enfuir en courant, très vite*

PRODUCTION

GAIETÉ

GALANTERIE

GÉNÉROSITÉ

GENTILLESSE

GOURMANDISE

GRATUITÉ

GROGNE

GROSSIERETÉ

HÉSITATION

HONTE

HOSTILITÉ

HUMEUR

HYPOCRISIE

« être gai comme un pinson »	*être très gai*
« faire le joli cœur »	*faire le galant*
« avoir le cœur sur la main »	*être généreux*
« être doux comme un agneau »	*être très doux, très gentil*
« avoir les yeux plus grands que le ventre »	*être incapable de manger tout ce que l'on a demandé*
« à l'œil »	*gratuitement*
« avoir une tête de cochon »	*avoir mauvais caractère*
« c'est un ours mal léché »	*se dit d'un individu bourru, grossier*

« ne pas savoir sur quel pied danser »	*hésiter sur la conduite à choisir ou l'attitude à prendre*
« avoir l'oreille basse »	*être honteux*
« chercher la petite bête »	*trouver la petite faiblesse qui permet de déprécier quelque chose ou quelqu'un*

1 « être | bien | luné »
          | mal |
	être de | bonne | humeur
	           | mauvaise |

2 « être de | bon | poil »
              | mauvais |
	être de | bonne | humeur
	           | mauvaise |

« verser des larmes de crocodile »	*verser des larmes hypocrites, pour émouvoir et tromper*

PRODUCTION

ILLOGISME

IMPATIENCE

IMPORTANCE

IMPORTUNITÉ

IMPRUDENCE

IMPUISSANCE

INACCESSIBILITÉ

INATTENTION

INCAPACITÉ

être pieds et poings liés

« mettre la charrue devant / avant les bœufs »	*commencer par où il faut finir*
« avoir des fourmis dans les jambes »	*être impatient d'agir*
« grosse légume »	*personnage important, influent*
1 « avoir (quelqu'un) sur les bras »	*être importuné par la présence imprévue de quelqu'un*
2 « casser les pieds (de quelqu'un) »	*ennuyer, importuner (quelqu'un)*
3 « être sur le dos (de quelqu'un) »	*gêner, importuner (quelqu'un) par une présence peu discrète*
1 « mettre les doigts dans l'engrenage »	*s'engager imprudemment dans une affaire et ne plus pouvoir s'en dégager*
2 « se jeter dans la gueule du loup »	*s'exposer imprudemment à un danger*
« être pieds et poings liés »	*être réduit à l'impuissance*
« il n'y a plus qu'à tirer l'échelle »	*c'est impossible de faire mieux*
1 « avoir la tête en l'air »	*être distrait, ne pas prêter attention à ce que l'on fait*
2 « avoir le dos tourné »	*avoir un moment d'inattention*
3 « être dans la lune »	*être distrait, rêver*
4 « n'écouter que d'une oreille »	*écouter distraitement*
1 « avoir les yeux plus grands que le ventre »	*être incapable de mener à bien tout ce que l'on a pris en charge*
2 « se noyer dans un verre d'eau »	*être incapable de faire face à la moindre difficulté*

i · PRODUCTION

INCOMPRÉHENSION

INCONFORT

INCERTITUDE

INCOHÉRENCE

INCONSTANCE

INDÉCISION

INDIGENCE

INDISPOSITION

INFLUENCE

INGRATITUDE

INQUIÉTUDE

« y perdre son latin »	*ne pas parvenir à comprendre ou à expliquer quelque chose*
« rembourré de noyaux de pêche »	*se dit d'un lit ou d'un fauteuil très dur, très peu confortable*
« avoir le cul entre deux chaises »	*être dans l'incertitude*
1 « sans queue ni tête »	*incohérent, absurde*
2 « sauter du coq à l'âne »	*sauter d'un sujet à un autre (sans rapport entre les deux)*
« avoir un cœur d'artichaut »	*s'enflammer facilement, être inconstant en amour*
« âne de Buridan »	*individu qui ne parvient pas à choisir entre deux solutions*
« tirer le diable par la queue »	*manquer de ressources pour vivre*
« ne pas être dans son assiette »	*ne pas être dans son état normal, habituel*
1 « avoir le bras long »	*avoir de l'influence*
2 « faire la pluie et le beau temps »	*avoir une grande influence*
« cracher dans la soupe »	*faire preuve d'ingratitude en critiquant ce qu'on a aimé ou ce dont on a bénéficié*
1 « se faire de la mousse / du mouron »	*s'inquiéter*
2 « se faire du mauvais sang / de la bile »	*s'inquiéter, se tourmenter*
3 « se faire un sang d'encre »	*s'inquiéter, se tourmenter énormément*

i · PRODUCTION

INSIGNIFIANCE

INSISTANCE

INTIMIDATION

INTRUSION

INUTILITÉ

fourrer son nez dans...

« il n'y a pas de quoi fouetter un chat »	*se dit de quelque chose qui n'a aucune importance*
1 « appuyer / tirer sur la chanterelle »	*insister avec force sur un point sensible*
2 « mettre les points sur les i »	*insister fortement pour dissiper toute confiance, toute ambiguïté, tout malentendu*
« avoir à l'estomac »	*tromper sur ses forces ou ses intentions, en intimidant par l'audace*
1 « mettre / fourrer son grain de sel »	*se dit de quelqu'un qui se mêle de ce qui ne le regarde pas*
2 « mettre / fourrer son nez dans... »	*se dit de quelqu'un qui s'occupe de choses qui ne le concernent pas*
3 « ramener sa fraise »	*se manifester hors de propos*
1 « ça lui fait une belle jambe »	*ça ne lui sert à rien, c'est parfaitement inutile*
2 « donner un coup d'épée dans l'eau »	*faire quelque chose de complètement inutile*
3 « labourer la mer »	*se livrer à une tâche totalement inutile*
4 « peigner la girafe »	*accomplir un travail tout à fait inutile*
5 « pour des prunes »	*pour rien, inutilement*

i · PRODUCTION ——

INVERSION

IRASCIBILITÉ

IRRÉVOCABILITÉ

IRRITATION

ISOLEMENT

IVRESSE

« sens dessus dessous »	*à l'envers*
« avoir la tête près du bonnet »	*se mettre facilement en colère*
1 « les carottes sont cuites »	*tout est terminé, réglé, on ne peut plus rien changer*
2 « les dés en sont jetés »	*se dit d'une décision irrévocable*
3 « les jeux sont faits »	*c'est décidé, c'est résolu, on ne peut plus y revenir*
4 « le sort en est jeté »	*se dit quand la décision est irrévocablement prise*
1 « avoir la moutarde qui monte au nez »	*être gagné par l'irritation*
2 « être à cran »	*être irrité, excédé*
1 « faire cavalier seul »	*agir isolement*
2 « vivre en ermite »	*vivre seul, dans l'isolement volontaire*
1 « avoir un coup dans | le nez | l'aile | »	*être un peu ivre*
2 « être dans les vignes du seigneur »	*être ivre*
3 « être soûl comme une grive »	*être complètement soûl*
4 « se | piquer | noircir | le nez »	*se soûler*

PRODUCTION

JALOUSIE

JUBILATION

LÂCHETÉ

LENTEUR

LIBERTÉ

LONGUEUR

LOURDEUR

LUCIDITÉ

| « être jaloux comme un tigre » | *être très jaloux* |
| « être heureux comme un poisson dans l'eau » | *être très heureux* |

« hurler avec les loups »	*se joindre lâchement aux plus forts pour critiquer, attaquer le(s) plus faible(s)*
« être long à la détente »	*ne pas comprendre tout de suite, réagir lentement*
1 « avoir les mains libres »	*pouvoir agir librement*
2 « laisser la bride sur le cou (de quelqu'un) »	*laisser entière liberté (à quelqu'un)*
« avoir un cou de girafe »	*avoir un très long cou*
« être fin comme du gros sel »	*manquer de finesse*
« avoir toute sa tête »	*demeurer très lucide (en parlant d'une personne âgée)*

PRODUCTION

MAIGREUR

MALADRESSE

MALHONNÊTETÉ

MALVEILLANCE

MANQUEMENT

MAXIMUM

MÉDIOCRITÉ

MÉDISANCE

MÉFIANCE

MÉMOIRE

MENACE

MÉNAGEMENT

MÉPRIS

MODÉRATION

1 « être un sac d'os »	*être excessivement maigre*
2 « n'avoir que la peau et les os »	*être très maigre*
« mettre les pieds dans le plat »	*intervenir de façon maladroite ou provocante*
« drôle de / vilain moineau »	*individu malhonnête*
« jouer un tour de cochon (à quelqu'un) »	*faire du tort, nuire (à quelqu'un)*
« poser un lapin »	*convenir d'un rendez-vous et ne pas y aller*
« mettre le paquet »	*faire le maximum*
1 « ce n'est pas un aigle »	*se dit d'un individu médiocrement intelligent*
2 « ne pas casser quatre pattes à un canard »	*se dit de quelqu'un ou de quelque chose qui n'a rien d'extraordinaire*
« avoir une langue de vipère »	*être très médisant*
1 « mettre la puce à l'oreille »	*éveiller la méfiance*
2 « avoir (quelqu'un) à l'œil »	*se méfier (de quelqu'un)*
« avoir une mémoire d'éléphant »	*avoir une mémoire exceptionnelle*
« montrer les dents »	*être menaçant*
« prendre des gants »	*ménager, éviter de choquer, de heurter, ou de blesser*
« traiter (quelqu'un) par dessous la jambe »	*n'avoir aucun égard (pour quelqu'un)*
1 « mettre de l'eau dans son vin »	*modérer ses exigences*
2 « mettre un bémol »	*être moins agressif*

m · PRODUCTION —

MORALITÉ

MORT

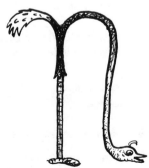

NEURASTHÉNIE

« suivre le droit chemin »	*avoir une conduite conforme à la morale admise*
1 « avaler son bulletin de naissance »	*mourir*
2 « avoir un pied dans la tombe »	*être près de la mort*
3 « casser sa pipe »	*mourir*
4 « être en quatre planches »	*être mort et enfermé dans son cercueil*
5 « fermer son parapluie »	*mourir*
6 « manger / bouffer les pissenlits par la racine »	*être mort et enterré*
7 « mourir de sa belle mort »	*mourir de mort naturelle (de vieillesse et sans souffrir)*
8 « partir / s'en aller / sortir les pieds devant »	*être mort*
9 « passer de vie à trépas »	*mourir*
10 « passer l'arme à gauche »	*mourir*
11 « se laisser glisser »	*se laisser mourir, sans résistance*
12 « sentir le sapin »	*ne plus avoir longtemps à vivre*
13 « tomber au champ d'honneur »	*mourir – glorieusement – en combattant pour son pays*

« broyer du noir »	*être triste, déprimé*

PRODUCTION

OBSTACLE

OBSTRUCTION

OISIVETÉ

OPPORTUNISME

OUBLI

« tomber sur un os »	*rencontrer une difficulté imvue*
« mettre des | bâtons | dans les roues » | barres |	*s'opposer à la réalisation de quelque chose*
« coincer la bulle »	*prendre plaisir à ne rien faire*
« retourner sa veste »	*changer complètement et brusquement d'opinion, pour tirer le meilleur parti des circonstances*
1 « avoir une mémoire de lièvre »	*avoir une mémoire peu fidèle*
2 « entrer par une oreille et sortir par l'autre »	*ne laisser aucun souvenir / ne faire aucune impression*

mettre des bâtons dans les roues

PRODUCTION

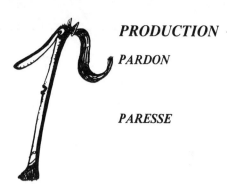

PARDON

PARESSE

PASSIVITÉ

PAUVRETÉ

PEINE

PERFIDIE

PERTE

PEUR

se donner un mal de chien

« passer l'éponge »	*passer sous silence et pardonner un incident, une erreur, une faute...*
« avoir les bras à la retourne »	*être paresseux*
« être paresseux comme une couleuvre »	*être très paresseux*
« ne pas faire œuvre de ses dix doigts «	*ne rien faire*
« tirer au cul »	*se dérober devant le travail*
« ⎰avoir⎱ les deux pieds dans le même sabot » ⎱rester⎰	*être passif, sans initiative*
« être pauvre comme Job »	*être très pauvre*
« ne pas avoir un radis »	*être sans argent*
« se donner un mal de chien »	*se donner beaucoup de peine*
« coup de Jarnac »	*attaque perfide*
« ⎰boire⎱ un bouillon » ⎱prendre⎰	*subir une grosse perte (d'argent)*
« avoir chaud aux fesses »	*avoir peur*
« avoir la chair de poule »	*avoir peur*
« avoir ⎰la trouille⎱ » ⎱les jetons⎰	*avoir peur*
« avoir les ⎰grelots⎱ » ⎱foies⎰	*avoir peur*
« avoir les miches à zéro »	*avoir très peur*
« être plus mort que vif »	*être effrayé, paralysé de peur*
« on le (la) ferait rentrer dans un trou de souris »	*se dit d'une personne très peureuse*
« trembler comme une feuille »	*trembler de peur*
« trembler dans sa culotte »	*avoir très peur*

p. **PRODUCTION**

PETITESSE

PICOTEMENT

PIÈGE

PLAISIR

PLEURS

POLTRONNERIE

POURSUITE

PRÉCARITÉ

PRÉCAUTION

PRÉCIPITATION

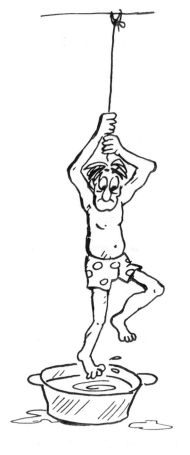

ne tenir qu'à un fil

PRÉCISION

« être haut comme trois pommes »	*être tout petit (en parlant d'un enfant)*
« avoir des fourmis dans les jambes »	*avoir des picotements dans les jambes, à la suite d'une longue immobilité, ou du fait d'une maladie*
« tomber dans le panneau »	*tomber dans le piège*
« prendre son pied »	*avoir du plaisir*
« pleurer à chaudes larmes »	*pleurer abondamment*
« pleurer comme une Madeleine »	*verser beaucoup de larmes*
« avoir du sang de navet dans les veines »	*manquer de courage physique*
« avoir chaud aux fesses »	*être poursuivi de près*
« ne tenir qu'à un fil »	*se dit de quelque chose de très fragile, de très précaire*
« marcher à pas de loup »	*se déplacer sans bruit, avec précaution*
« aller plus vite que les violons / la musique »	*aller trop vite, ne pas suivre le rythme*
« brûler les étapes »	*aller très (trop) vite dans ce que l'on fait*
« mettre les bouchées doubles »	*aller beaucoup plus vite que prévu dans l'action entreprise*
« mettre dans le mille »	*atteindre l'objectif avec précision*

p. **PRODUCTION** —

PRÉTENTION

PRÉVOYANCE

PRISON

PRIVATION

PRODIGALITÉ

PROFIT

PROGRESSION

PROTECTION

PROVOCATION

1 « ne pas se moucher du pied / coude »	*se croire important, être prétentieux*
2 « péter plus haut que son cul »	*avoir des prétentions au-dessus de ses moyens ou de ses capacités*
3 « rouler les / des mécaniques »	*rouler des épaules, avoir une attitude prétentieuse*
« garder une poire pour la soif »	*économiser pour les éventuels besoins à venir*
« mettre à l'ombre »	*mettre en prison*
1 « manger de la vache enragée »	*subir de dures privations*
2 « se saigner aux quatre veines »	*se priver durement (pour quelqu'un)*
1 « être un panier percé »	*dépenser sans compter, de manière excessive*
2 « jeter l'argent par les fenêtres »	*être très dépensier*
« faire ses choux gras »	*tirer grand profit (d'une affaire)*
« de fil en aiguille »	*peu à peu, progressivement*
« mettre (quelqu'un) sous cloche »	*protéger excessivement (quelqu'un) contre les dangers de l'existence*
1 « verser / jeter / mettre de l'huile sur le feu »	*provoquer la colère de quelqu'un, ou envenimer une querelle*
2 « mettre le feu aux poudres »	*provoquer la colère (de quelqu'un), ou déchaîner un événement grave*

PRODUCTION

RANCUNE

RARETÉ

RÉALISME

REDÉPART

REGRET

RELÂCHEMENT

RENOMMÉE

RENONCEMENT

REPOS

se faire taper sur les doigts

RÉPRIMANDE

1 « garder un chien de sa chienne »	*garder rancune, ou vouloir se venger*
2 « garder une dent (contre quelqu'un) »	*garder rancune (à quelqu'un)*
1 « mouton à cinq pattes »	*individu ou objet extrêmement rare, parfois même introuvable*
2 « merle blanc »	*individu ou objet extrêmement rare*
« avoir les pieds sur terre »	*faire preuve de bon sens, de réalisme*
1 « repartir à zéro »	*tout reprendre au début*
2 « tourner la page »	*oublier le passé, sans regrets ou reproches inutiles, repartir sur d'autres bases*
« s'en mordre les doigts »	*avoir de vifs regrets*
« délices de Capoue »	*plaisirs qui affaiblissent ceux qui s'y laissent entraîner*
« être connu comme le loup blanc »	*être très connu*
1 « donner sa langue au chat »	*renoncer à deviner quelque chose*
2 « jeter le manche après la cognée »	*renoncer à l'action entreprise après la première difficulté ou le premier échec*
1 « faire la grasse matinée »	*dormir ou rester au lit tard dans la matinée*
2 « mettre au vert »	*mettre au repos, à la campagne*
1 « laver la tête »	*réprimander, faire des reproches*
2 « passer un savon »	*réprimander vivement*
3 « secouer les puces »	*faire de vigoureuses réprimandes*
4 « se faire taper sur les doigts »	*se faire réprimander*

r. PRODUCTION

RESPONSABILITÉ

RESSEMBLANCE

RESSAISISSEMENT

RICHESSE

RIRE

RISQUE

RUSE

se ressembler comme deux gouttes d'eau

1 « porter le chapeau »	*être obligé d'endosser la responsabilité d'une faute*
2 « prendre en main »	*assumer la responsabilité*
1 « la nuit, tous les chats sont gris »	*la nuit, les êtres, ou les choses, se ressemblent*
2 « se ressembler comme deux gouttes d'eau »	*se dit quand la ressemblance (entre êtres ou objets) est parfaite*
« reprendre du poil de la bête »	*se ressaisir, récupérer des forces ou du courage*
« être riche comme Crésus »	*être très riche*
1 « rire comme un bossu »	*rire et s'amuser beaucoup*
2 « se fendre la pêche »	*rire sans retenue*
1 « mettre tous ses œufs dans le même panier »	*engager toutes ses ressources ou mettre tous ses espoirs dans la même affaire*
2 « travailler sans filet »	*prendre des risques*
1 « être un vieux renard »	*être rusé*
2 « faire l'âne pour avoir du son »	*faire l'innocent pour obtenir ce que l'on cherche : renseignement, avantage, ...*

PRODUCTION

SACCAGE

SALETÉ

SANTÉ

SATISFACTION

SATURATION

SÉDUCTION

SÉRÉNITÉ

SERVILITÉ

SÉVÉRITÉ

SOLDAT

SOLIDARITÉ

SOMMEIL

SOTTISE

SOUCI

SOUFFRANCE

SOURDINE

« mettre à feu et à sang »	*ravager, saccager*
« les écuries d'Augias »	*se dit d'un lieu extrêmement sale*
« avoir bon pied bon œil »	*être en excellente santé (en parlant d'une personne âgée)*
« boire du petit lait »	*éprouver une grande satisfaction d'amour-propre*
« en avoir ras le bol »	*en avoir assez, ne plus pouvoir supporter (quelqu'un ou quelque chose)*
« taper dans l'œil »	*plaire, séduire*
« dormir sur ses deux oreilles »	*dormir tranquillement, profondément*
« être à plat ventre »	*faire la cour, flatter*
« faire les gros yeux »	*regarder (un enfant) avec sévérité*
« chair à canon »	*se dit du soldat (en temps de guerre)*
« se tenir les coudes »	*s'entr'aider*
1 « dormir comme un loir / une marmotte »	*dormir profondément*
2 « être dans les bras de Morphée »	*dormir*
« être bas de plafond »	*être borné, sot*
1 « se faire de la bile »	*se faire du souci*
2 « se faire des cheveux »	*se faire du souci*
« en baver des ronds de chapeau »	*souffrir de conditions très pénibles*
« mettre un bémol »	*baisser le ton*

S · PRODUCTION

SPONTANÉITÉ

STUPIDITÉ

SURDITÉ

SURPRISE

SURVEILLANCE

TRAÎTRISE

TRANSGRESSION

TREMBLEMENT

TRISTESSE

TROMPERIE

TROUBLE

TRUISME

« cri du cœur »	*réaction spontanée*
« être bête comme ses pieds »	*être stupide*
1 « avoir les portugaises ensablées »	*entendre mal*
2 « être dur de la feuille »	*être un peu sourd*
« tomber des nues »	*être très surpris*
1 « avoir (quelqu'un) à l'œil »	*surveiller (quelqu'un)*
2 « sous l'œil de ... »	*sous la surveillance de ...*

« vendre la mèche »	*livrer un secret, trahir un complot*
« cueillir le fruit défendu »	*faire ce qui n'est pas permis*
« sucrer les fraises »	*être agité d'un tremblement (signe fréquent de gâtisme)*
1 « avoir le cœur gros »	*être triste*
2 « faire une tête d'enterrement »	*avoir l'air triste*
1 « faire prendre des vessies pour des lanternes »	*tromper grossièrement*
2 « mener / emmener en bateau »	*tromper, duper*
3 « rouler dans la farine »	*tromper par des ruses et des flatteries*
« perdre ses moyens »	*ne plus être en mesure de réfléchir ou d'agir avec à propos*
« vérité de La Palice »	*vérité si évidente qu'elle prête à rire*

PRODUCTION

VANITÉ

VÉTÉRAN

VEXATION

VICISSITUDE

VICTIME

VICTOIRE

VIEILLESSE

VIGILANCE

VITALITÉ

VITESSE

VOL

VOYAGE

VUE

ZÉZAIEMENT

« avoir la grosse tête »	*être très (trop) satisfait de soi-même*
« être un vieux de la vieille »	*être un vétéran, une personne de longue expérience (dans un domaine précis)*
1 « avaler des couleuvres »	*être obligé de subir des vexations, des affronts*
2 « en avoir gros sur la patate »	*être très vexé*
« douche écossaise »	*alternance d'événements agréables et désagréables, de bonnes et de mauvaises nouvelles, d'espoirs et de désespoirs, ...*
« réchauffer un serpent dans son sein »	*être la victime d'un ingrat qu'on a aidé*
« faire toucher les épaules »	*vaincre*
« être vieux comme Hérode »	*être très vieux*
1 « ouvrir l'œil »	*être très attentif*
2 « se tenir à carreau »	*être vigilant, éviter de commettre la moindre faute*
« avoir l'âme chevillée au corps »	*avoir une grande vitalité et lutter avec succès contre la mort*
« ventre à terre »	*très vite*
« faire main basse sur... »	*s'approprier, voler*
« être toujours sur les chemins »	*voyager beaucoup*
« avoir des yeux de lynx »	*avoir une vue très perçante*

« avoir un cheveu sur la langue »	*zézayer*

Table des Matières

	pages
Objectif	3
Utilisation	4
Dictionnaire de Compréhension	6
Présentation des informations et itinéraire de lecture	7
Dictionnaire de Production	74
Présentation des informations et itinéraires de lecture	75 à 79

N° d'Éditeur : 10003179 II (8,5) (D.c. VII) M
Dépôt légal : mars 1991
Imprimé en France par Pollina, 85400 Luçon - N° 13554